Piberhofer Alfred

Jagaliada

**Normalerweise kann man singend
niemals einen bösen Gedanken
oder eine böse Absicht hegen!**

**Singen ist von seinem Ursprung her
auf das soziale Miteinander
angelegt!**

(aus: Wiktionary)

Die Deutsche Nationalbibliothek verzeichnet diese Publikation in der Deutschen Nationalbibliografie; detaillierte bibliografische Daten sind im Internet über dnb.dnb.de abrufbar.

© 2020 Alfred Piberhofer

Herstellung und Verlag:
BoD – Books on Demand, Norderstedt.

ISBN: 9 783752 811667

Bilder: Alfred Piberhofer

Piberhofer Alfred

Jagaliada

Wo man singt, da lass dich ruhig nieder. Ohne Furcht, was man im Lande glaubt. Wo man singt, wird kein Mensch beraubt. Bösewichter haben keine Lieder!

**Johann Gottfried Seume
1763 - 1810
Aus dem Volkslied
„Die Gesänge"**

Pirsch auf den Hirsch, am 31. 12. 2019

Inhaltsverzeichnis

Zum Gebrauch

Das Singen in geselliger Runde braucht den Text. Daher ist dieser gut lesbar abgedruckt. So kannst du das Liederbuch in schummrigen Gaststätten ohne Brille lesen.

Zumindest einer der Sänger sollte die Melodie beherrschen. Die meisten Lieder kannst du dir in YouTube anhören und die Melodie lernen.

Zum Anstimmen benötigst du den richtigen Ton. Auf Noten habe ich verzichtet, weil diese für die raue Jägerstimme meist zu hoch sind.

Damit du den Ton triffst, kannst du eine diatonische Stimmpfeife verwenden. Diese bekommst du schon ab 10 €. Beim Anstimmen stellst du einfach den Ton ein: z.B. „C". Etwas Übung macht dich sicher, bevor du es im Kreise der Jäger probierst. Du kannst auch den nächst höheren oder tieferen Ton probieren, ob dir der vielleicht besser liegt. Alle hören den Ton, können ihn aufnehmen und es kann angestimmt werden.

Der Text ist so wie wir ihn hier in Oberösterreich gerne singen. Auf jeden Fall kannst du mit meinem Liederbuch einfach lossingen!

Die Zeichnungen sind von mir und sollen etwas Abwechslung bieten. Dabei habe ich auf Natürlichkeit und Ausdruck Wert gelegt.

Also dann, viel Freude beim Singen!

Der „Grantige" hod uns heier pflanzt!
Wegen eam hob i fü Meter mocha
miassn, oba mir ham eam trotzdem ned
kriagt!

Auf, auf zum fröhlichen Jagen
(Anstimmen in H)

Auf, auf zum fröhlichen Jagen,
auf in die grüne Heid!
Es fängt schon an zu tagen,
es ist die schönste Zeit.
Die Vöglein in den Wäldern
sind schon vom Schlaf erwacht.
Und haben auf den Feldern
ihr Morgenlied vollbracht.
Tridi hejo, tridi hejo, tridi he
tridi he, tridio, tridio. Hejo, tridi hejo,
tridi he, tridi he, tridio.

Frühmorgens, als der Jäger
im grünen Wald ankam,
Da sah er mit Vergnügen
das edle Wildbret an.
Die Gamserl Paar um Paare,
sie kommen von weit her.
Die Rehe und das Hirschlein,
das edle Wildbret schwer.
Tridi hejo ....

Das edle Jägerleben
vergnüget meine Brust.

Dem Wilde nachzustreben
ist meine größte Lust.
Wir laden unsere Büchse mit
Pulver und mit Blei.
Wir führn das schönste Leben,
im Wald da sind wir frei.
(Wo Reh und Hirsche springen,
wo meine Büchse knallt,
wo Jägerhörner klingen,
da ist mein Aufenthalt.)
Tridi hejo …

Das Gras ist unser Bette,
der Wald ist unser Haus.
Wir trinken um die Wette
das klare Wasser aus.
Lasst nur die Faulen liegen,
gönnt ihnen ihre Ruh.
Wir jagen mit Vergnügen
dem grünen Walde zu!
Tridi hejo …

Sind unsre matten Glieder
vom Sonnenglanz erhitzt,
so legen wir uns nieder,
wo frisches Wasser spritzt.
Wo Zephyrs sanftes Blasen
(milder Westwind)
der Sonne Glanz besiegt,
da schläft man auf dem Rasen,
mit Anmut eingewiegt.
Tridi hejo, tridi hejo, tridi he
tridi he, tridio tridio.
Hejo, tridi hejo, tridi he, tridi he,
tridio.

Ein weichliches Gemüte
hüllt sich in Federn ein.
Ein tapfres Jagdgeblüte
muss nicht so träge sein.
Drum lasst die Faulen liegen,
gönnt ihnen ihre Ruh!
Wir jagen mit Vergnügen
dem grünen Walde zu.
Tridi hejo ....

Frisch auf, ihr lieben Brüder,
ergreifet das Geschoß.
Auf, legt die Arbeit nieder,
und geht aufs Wildbret los.
Treibt die matten Hunde
durch frohen Zuruf an.
Und ruft aus vollem Munde,
So viel ein jeder kann.
Tridi hejo ...

Will gleich zu manchen Zeiten,
Blitz, Wetter, Sturm und Wind,
einander widerstreiten,
die uns zuwider sind.
So sind wir ohne Schrecken
bei allem Ungemach!
Und jagen durch die Hecken
den schnellen Hirschen nach.
Tridi hejo...

De Hirsch san vom Tragl, oana Pochtjogd der Fürstlich Schaumburg Lippischen Forstfawoitung in unsan schen Steyrling.

Das Jagen, das ist ja mein Leben
(Anstimmen in G)

Das Jagen, das ist ja mein Leben,
ich hab' mich gänzlich ergeben in
dem Wald.
Ich geh hoid schießen, deaf neama
verdrießen, mit Pulver und Blei, im
Wald san ma frei.

Und als ich in Wald bin ankommen,
da siag ich von Ferne ein Hirsche-
lein stehn.
Mein Stutzerl muas knallen, das
Hirscherl muas fallen, mit Pulver
und Blei. Im Wald san ma frei.

Und als ich das Hirscherl hab
gschossen, da kimt gleich der Jager
gelaufen daher.
Ich fürchte kan Jager, kane Hund,
kane Sager, o Jager halt ein, das
Hirscherl ist mein.

Ach Jager geh, pack dich von dannen, sonst wird dir dein Leben gnumma in dem Wald.
Gibts nix mehr zu jagen,
dann leg ich mich schlafen
begeb mi zur Ruh, mei Bix a dazu.

Und wann mi der Hunger tuad plagen, so tuad doch neamt verzagen in dem Wald.
So lang mir das Leben, mein Gott hat gegeben, so lang lasse ich nicht, das Jagern im Stich.

Die finstere Nacht sich einschleichet, die Sterne am Himmel die leuchten so hell, gibt's nix mehr zum Jagen,
drum legt ma sich schlafen,
begibt sich zur Ruh
das Stutzerl dazu.

Das schenste Bleamal auf der Welt
(Anstimmen in G)

Das schönste Bleamal auf der Welt,
das ist das Edelweiß.
Es blüht versteckt am höchsten Grat
ja zwischen Schnee und Eis. :I

Das Dirndl sagt zum Hoida - Buam:
"So a Bleamal hätt i gern.
Geh, bring mir so a Sträußerl her
mit solche weißen Stern!" :I

Der Bua, der geht das Sträußerl
holn,
im selben Augenblick.
Der Sonntag kommt, der Morgen
graut,
der Bua kehrt nicht zurück. :I

Er liegt verlassen ganz alloan
in steiler Felsenwand.
Das Edelweiß, ganz blutig rot
hoit fest er in der Hand. :I

Und Bauernbuam, die tragen ihn
jo in das Tal hinab,
sie legen eam a Sträußl sche'
von Edelweiß aufs Grab'. :I

Und wann do unten in dem Tal
das Abendglockerl leit',
da kniad das Diandl an sei Grab,
dort liegt sei oanzge Freud'. :I

Sie bet a Vaterunser still
und schluchtst und want dazua,
die Vogerl singan umadum,
pfiati Gott, mei liaba Bua. :I

Der alte Jäger vom Silbertannental
(Anstimmen in A)

Ein kleines Haus, am Waldesrand.
Ein alter Jäger reicht mir dort seine
Hand.
Er sprach zu mir, komm mit, tritt
ein.
In diesem Haus wohn ich schon jah-
relang allein.

Der alte Jäger vom Silbertannental,
ich denk an ihn, es war einmal. :I

Ich ging zu ihm, zur Winterzeit,
die Berge und die Wälder waren
tief verschneit.
Sein Bart war grau, sein Haupt
schon weiß,
doch seine Augen strahlten hell wie
Gletschereis. Der alte Jäger vom
Silbertannental :I

Ich dachte mir, was hat er nur,
vor seiner Hütte im Schnee war
keine Spur,
im Haus wars still, einsam und leer,
der alte Jäger, er war nicht mehr.
Der alte Jäger vom Silbertannental
ich denk an ihn, es war einmal. Der
alte Jäger vom Silbertannental, ich
denk an ihn, es war einmal.

„Jogd ohne Hund is Schund!"

Der Jäger in dem grünen Wald
(Anstimmen in A)

Der Jäger in dem grünen Wald,
der sucht des Tierleins Aufenthalt.
Und er ging wohl in dem Wald bald
hin, bald her :I
ob auch nichts, ob auch nichts, ob
auch nichts anzutreffen wär.

Mein Hündlein hab ich stets bei mir,
in diesem grünen Waldrevier:
Und mein Hündlein, jagt,
und mein Herz, das lacht :I
meine Augen, meine Augen, meine
Augen leuchten hell und klar.

Ich sing mein Lied aus voller Brust,
der Hirsch tut einen Satz vor Lust:
Und der Fink, der pfeift
der Kuckuck schreit :I
und die Hasen und die Hasen und die
Hasen kratzen sich am Bart.

Und als ich in den Wald rein kam,
traf ich ein schönes Mädlein an:
Ei, wie kommst du in den Wald herein :I
du strahlenäugig Mägdelein,
wie kommst du in den Wald hinein?

Du sollst da nicht mehr bleiben hier
in diesem grünen Waldrevier:
Bleibe du mir als Jägerin :I
du strahlenäugig Mägdelein,
du sollst fürwahr mein Eigen sein!

Oide Hirschtier sand recht hoamli!

Des jagrisch Leb'n is a Freid auf der Welt

(Anstimmen in A)

Des jagerisch Leb'n is a Freid auf
der Welt, holladjediri, hulladjedio.
Und gehts, wia da wö, mir san alleweil guat gstellt, holladjediri
huldjo. Holerediri...

Und schmelzt halt der Schnee an de
Bergl hido, holladjediri, hullad-
jedio.
Do kimmt bald der Lenz und die
Hahnapfalz fangt o, holladjediri
huldjo.

Und dann kimmt da Summer, da
hoasts a fein zün, holladjediri, hulladjedio.
Und da Rehbock der tuat halt seine
Krickal verspün, holladjediri
huldjo.

Und erst um Jakobi und Bartho-
lomä, holladjediri, hulladjedio.
Wenn a Zwölferhirsch kimmt, dem
tuat goa nix mehr weh, holladjediri
huldjo.

Und sand dann de Gamserl zweng
an Schnee neammer nix, holladjediri, hulladjedio.
so jagn ma auf d'Marder und passn
auf d'Fix, holladjediri huldjo.

Und wann ma koan Fux und koan
Marder derfragn, holladjediri, hulladjedio.
So jagn ma auf Dirndl, is a net
schlecht jagn, holladjediri huldjo.

Vo Weihnachtn bis Ostern, da fuat-
tern ma scho, holladjediri, hulladjedio.

**Dann kimmt halt der Lenz, und die
Hahnapfalz fangt o, holladjediri
huldjo. :I**

Die Neigierd is gferli!

De Gamserl schwarz und braun
(Anstimmen in A)

De Gamserl schwarz und braun,
de san so liab zum schaun.
Und wannst as schiaßn wüst,
dann muasst di auffitraun.
Sie sand so sakrisch gschwind,
sie ham die glei im Wind,
sie fangerns pfeifen au
und dan dafau. :I

So lebe wohl du wunderschönes
Gamsgebirg, wir schieaßens überall
und treffens jedes Mal. So lebe wohl
du wunderschönes Gamsgebirg, wir
schiaßens überall, in Berg und Tal.

Und wia i s´ znagst hab gsegn,
sans eana sechzehn gwen,
san auffi über d´Schneid,
es hat mi sakrisch gfreid.
I dua mi niederduckn
und lass mei Stutzerl knalln
und wia is` auffischau
is` obagfoin. ;I

A Gamserl hab i gschossen,
es hat mi net betrogn,
i habs durchs Feier gsegn,
es san de Hoa aufgflogn.
Die Sennrin steht heraußen, vor
ihrer Hittentia, sie macht an
Juchatsa herauf zu mir. :I

 (Jetzt hat doch des Luaderviech an
Zentner und an halbn
so wia i´s gwogn hab
drunt auf da Alm.)

Auf d´Nocht san d´Jager kemma
und ham mei Haus durchsuacht,
sie haum nix gfundn drin, jo ned a
Trepferl Bluad.
Aber in des Essifassl,
da haums ned einigschaut,
da war mein Stutzerl drin,
von Gams de Haut.

Da oide Rehbock im Woid, hinterm Stift Schlierbach, hot si heier ned dawischen lossen.

Ein Tiroler wollte jagen:
(Anstimmen in A)

Ein Tiroler wollte jagen
einen Gamsbock, Gamsbock silber-
grau,
doch es wollt ihm nicht gelingen,
denn das Tierlein, Tierlein war zu
schlau.
Hol – a – ri – a – ho, hol – a- ri – a
– ho,
hol – a – ri -a – ri – a – hol – a – ri
– a – ho.
Hol – a – ri – a – ho, hol – a- ri – a
– ho,
hol – a – ri -a – ri -a – hol – drio

Und der Jager wollte zu des,
zu des Försters, Försters Töchterlein.
Doch sie lacht ihm ins Gesichte,
und sie lässt ihn, lässt ihn nicht herein.
Hol – a – ri – a – ho ...

In die Stadt wohl, in die Ferne,wollt
er wandern, wandern weit hinaus,
doch es hielt ihn dort nicht lange,
und er kehrt schon, kehrt schon
bald nach Haus.   Hol – a – ri – a
– ho ...

Meine Mutter, will's nicht leiden,
dass ich einen, einen Jäger lieb',
denn ich hab schon, einen andern,
einen schmucken, schmucken andern lieb.
Hol – a – ri – a – ho, hol – a- ri – a
– ho,
hol – a – ri -a – ri – a – hol – a – ri
– a – ho.
Hol – a – ri – a – ho, hol – a- ri – a
– ho,
hol – a – ri -a – ri -a – hodrio

Ein Weidmannsheil für mich u. meine Freunde (Anstimmen in A)

Auf! Auf! Auf! Auf! Es grauet schon
der Morgen.
Auf! Auf! Ihr Jäger seid bereit!
Vergesst des Tages mannigfache
Sorgen,
im Wald da wohnt die Fröhlichkeit.
Halli-hallo, im dunklen Wald.
Halli-hallo, wenn´s Jagdhorn
schallt, im dunklen grünen Wald.

Ein Weidmannsheil für mich und meine Freunde, auf dass die Büchse sicher knallt. :I

Es schnürt der Fuchs im Dickicht in dem Bogen, die Hasen springen flüchtig an.
Gar stattlich kommt ein Rehbock angezogen,
halli-hallo, die Jagd geht an.
Halli-hallo, im dunklen Wald...

Und wenn im ersten Reif die Zweige flimmern,
dann röhrt im hohen Tann der Hirsch.
Was soll den Jäger Lieb und Leben kümmern,
es geht hinaus zur rauen Pirsch.
Halli-hallo, im dunklen Wald...

Die Hirsche röhren im Tannenwald so schaurig,
die Wildkatz bellt und pfeift vor Wut.
Der Fink im Nest, der schlägt ja schon so traurig,
er sieht getränkt das Moos mit Blut!

Halli-hallo, im dunklen Wald ...

Und ist es Nacht, wenn Mond und
Sterne flimmern,
dann geht der Wildschütz aus auf
Raub!
Gefahr und Tod, tun ihn nur wenig
kümmern,
gespenstisch raschelt es im Laub.
Der Jäger schnell, die Büchs herab,
es spielt sich jetzt ein Drama ab.
Im dunklen grünen Wald.
Ein Weidmannsheil für mich ...

Wenn spät im Herbst die Hunde
lustig jagen,
das ist die schönste Melodie.
Und auch in meinen allerletzten Tagen
Niemals, niemals vergess ich sie.
Halli-hallo, im dunklen Wald ...

Und bin ich einst als Weidmann
heimgegangen,
dann grabt mein Grab im tiefen
Wald,
Im Jenseits drüben hab ich mein
Verlangen,

**dass nun auch dort das Jagdhorn
schallt.
Halli-hallo, im dunklen Wald ...**

Eines Abends in der Dämmerstunde:
(Anstimmen in H)

Eines Abends in der Dämmerstunde
sah ich zwei junge Jäger steh'n. :I
Und sie sangen so schön,
dass ein Maderl blieb steh'n.
Jäger, du alleine,
du allein sollst meine Freude sein,
heute Abend. :|

Und sie gingen in ein Kämmerlein,
Worin kein einzig Fenster war. :I
Und was darin geschah,
Das war jedem wohl klar.
Jäger, du alleine,
du allein sollst meine Freude sein,
heute Abend. :|

Und nach ein dreiviertel Jahr,
da war der junge Jäger da. :I
Und was damals geschah,
Das ist jedem wohl klar.
Jäger, du alleine,
du allein sollst meine Freude sein,
heute Abend. :|

Eines Sonntags frühmorgens
(Anstimmen in H)

Eines Sonntags frühmorgens,
sche zeitig in da Fruah.
Nimmt da Wüdschütz sei Stutzerl,
steigts dem Gamsgebirg zua.

Er woaß jo den Weg so schen,
wo de schean Gamserln stehn
drein im Gebirg. :I

Und a Gamserl hot er gschossn,
hoch drobn auf da Waund.
Jetzt wüll er's auswoadn,
hoits Messa in da Haund.

Da Jaga hot eam laung zuagschaut,
hot si net zuwitraut,
bis dass er schloft. :I

Und wia da Wüdschütz hot
gschlofn, oft hot er si traut.
Nimmt in Wüdschütz sei Stutzerl,
hot sakrisch zuaghaut.
Da Wüdschütz springt auf vom
Schlof, stürzt übern Fels hinab
in ein Gesträuch. :I

Den Jagan druckts Gwissn
um den Wüdschütz sei Bluat.
Hiaz wüll er's gern wissen, wos da
Wüdschütz drunt duat.

Owa Jaga, liabsta Jaga mein,
bind mir die Wundn ein
und still ma's Bluat. :I

De Wundn san verbundn,
und gstillt is des Bluat.
Hiazt muasst hoid mit mir geh,
ins Salzkammerguat.

Bevor i mit an Jaga geh
loss i mei Leib' und Sö
und mei jungs Bluat :I
für's Salzkammerguat!

Es blies ein Jäger wohl in sein Horn
(Anstimmen in G)

Es blies ein Jäger wohl in sein
Horn, wohl in sein Horn,
und alles, was er blies, das war
verlorn, das war verlorn.
Halia Husasa tiralala,
und alles, was er blies,
das war verlorn.

Soll denn mein Blasen verloren
sein?
Viel lieber will ich gar kein Jäger
sein.
Halia Husasa tiralala,
viel lieber will ich gar kein Jäger
sein.

Er zog sein Netz wohl über den
Strauch,
da sprang ein schwarzbraunes Mädel heraus.
Halia Husasa tiralala,
da sprang ein schwarzbraunes Mädel heraus.

Ach schwarzbraunes Mädel, ent-
spring mir nicht!
Ich habe große Hunde, die holen
dich.
Halia Husasa tiralala,
ich habe große Hunde, die holen
dich.

Deine großen Hunde, die fürchte
ich nicht.
Sie wissen meine hohen weiten
Sprünge nicht.
Halia Husasa tiralala,
sie wissen meine hohen weiten
Sprünge nicht.

Ernte / Hirschbrunft

Es lebt der Schütze froh und frei
(Anstimmen in A)

Es lebt der Schütze froh und frei,
ja froh und frei, ja froh und frei,
mit ihm die ganze Jagerei
die ganze Jagerei.

Und kommt der Feind ins Land herein und sollt´s der Teufel selber
sein, es ruhen unsre Stutzen nicht,
bis dass das Auge bricht. :I
Trallala, trallala, trallala, tralallala, tralallala, bis dass das Auge
bricht. :I

Und ist das Schwarze noch so klein,
ja noch so klein, noch so klein,
es muss ein jeder Schuss hinein
ein jeder Schuss hinein.
Und kommt der Feind ins Land herein ...

Im Tal und auf den Bergeshöhn,
Bergeshöhn, ja Bergeshöhn,
woll´n wir auf treuer Wache
steh´n,
auf treuer Wache stehn.
Und kommt der Feind ins Land herein ...

Es lebe unser Österreich,
ja Österreich, ja Österreich,
an Schönheit ist ihm keines gleich,
ja ist ihm keines gleich!
Und kommt der Feind ins Land herein ...

Und wenn es dann zum Liebchen
geht, zum Liebchen geht, zum Liebchen geht, die Feder keck von Hut
her weht, ja keck vom Hut her weht.
Und kommt der Feind ins Land herein ...

Es war einmal ein Jäger
(Anstimmen in G)

Es war einmal ein Jäger,
heili-heilo, ein Jäger,
der sprach zu seiner Frau:
Ich geh nun in den Wald hinaus,
und schau nach Fuchs und Hasen
aus, doch du weißt ganz genau:

Im Leben, im Leben geht mancher
Schuss daneben, wir denken, doch
lenken die andern dein Geschick.
Im Leben, im Leben, da ist nicht alles eben, und darum braucht im

Leben
der Mensch ein bisschen Glück.

Er traf im Wald ein Mädchen,
heili-heilo, ein Mädchen,
das Mädchen weinte so.
"Komm mit mir in mein Jagdrevier,
im grünen Moos da sing ich dir
ein Lied, das macht dich froh!"
Im Leben ...

So kam der wilde Jäger,
heili-heilo, der Jäger,
nach Haus um Mitternacht.
Da saß die Frau und sang ein Lied,
im Arm vom Oberförster Schmidt,
und hat ihn ausgelacht.

Im Leben, im Leben geht mancher
Schuss daneben,
wir denken, doch lenken
die andern dein Geschick.
Im Leben, im Leben, da ist nicht alles eben, und darum braucht im Leben der Mensch ein bisschen Glück.

Ich bin ein freier Wildbretschütz
(Anstimmen in A)

Ich bin ein freier Wildbretschütz,
und hab´ ein weit Revier :I
Soweit die braune Heide reicht,
gehört das Jagen mir :I
Horido ... Horido trallala.

Soweit der blaue Himmel reicht,
gehört mir alle Pirsch :I

Auf Fuchs und Has und Haselhuhn
Auf Rehbock und auf Hirsch :I
Horido ... Horido trallala.

Jedoch mein liebstes Edelwild
im ganzen Jagdrevier :I
das ist nicht Hirsch, das ist nicht
Reh,
das ist kein Jagdgetier :I
Horido ... Horido trallala.

Ich schieß den Hirsch im wilden Forst (Anstimmen in E)

Ich schieß den Hirsch im wilden
Forst, im tiefen Wald das Reh,
den Adler auf der Klippe Horst,
die Ente auf dem See;
Kein Ort, der Schutz gewähren
kann, wo meine Büchse zielt!
Und dennoch hab´ ich harter Mann
die Liebe auch gefühlt. :I

Kampiere oft zur Winterszeit,
in Sturm und Wetternacht,
hab' überreist und überschneit,
den Stein zum Bett gemacht;
Auf Dornen schlief ich wie auf
Flaum,
vom Nordwind unberührt!
Und dennoch hat die harte Nuss
die Liebe auch gespürt. :I

Der wilde Falk ist mein Gesell,
der Wolf mein Kampfgespann;

Der Tag geht mir mit Hundsgebell,
die Nacht mit Hussa an;
Ein Tannreis schmückt statt Blu-
menzier
den schweißbefleckten Hut.
Und dennoch schlug die Liebe mir
ins wilde Jägerblut. :I

Es ist ein frisches Mägdelein,
auf das ich lieber pirsch,
viel lieber als auf Has und Huhn,
auf Rehbock oder Hirsch.
Und dass sie einem anderen g'hört,
macht keine Sorge mir.
Denn tapfer schlägt die Liebe mir
ins wilde Jägerblut. :I

Waun du den oidn, schlaun Ochter vom Laaberg dawischen wüst, muasst a schneidiger Jaga sei!

Im Wald, im grünen Walde, da steht ein Försterhaus
(Anstimmen in D)

Im Wald, im grünen Walde,
da steht ein Försterhaus, :|
da schauet jeden Morgen,
so frisch und frei von Sorgen,
des Försters Töchterlein heraus,
des Försters Töchterlein heraus.

Lore, Lore, Lore, Lore,
schön sind die Mädchen
von siebzehn, achtzehn Jahr.
Lore, Lore, Lore, Lore,
schöne Mädchen gibt es überall;
Und kommt der Frühling in das Tal,
grüß mir die Lore noch einmal,
heidi, heido, heida. :|

Der Förster und die Tochter,
die schossen beide gut. :|
Der Förster schoss das Hirschlein,
die Tochter traf das Bürschlein,

tief in das junge Herz hinein,
tief in das junge, junge Herz hinein.

Lore, Lore, Lore, Lore,
schön sind die Mädchen
von siebzehn, achtzehn Jahr...

Steh' ich auf Bergeshöhen,
schau über Täler hin, :|
dann sehe ich so gerne
aus weiter, weiter Ferne,
das Haus der jungen Försterin,
das Haus der jungen Försterin.

Lore, Lore, Lore, Lore,
schön sind die Mädchen
von siebzehn, achtzehn Jahr.
Lore, Lore, Lore, Lore,
schöne Mädchen gibt es überall;
Und kommt der Frühling in das Tal,
grüß mir die Lore noch einmal,
heidi, heido, heida. :|

Des erste Gamsal!

Lustig ist das Zigeunerleben
(Anstimmen in E)

Lustig ist das Zigeunerleben, faria.
Brauchst dem Kaiser kein Zins
zu geben, faria.
Lustig ist es im grünen Wald,
wo des Zigeuners Aufenthalt,
faria, faria, faria, faria, faria.

Sollt' uns einmal der Hunger plagen,
faria.
Gehn wir, uns ein Hirschlein jagen,
faria.
Hirschlein nimm dich wohl in acht,
wenn des Jägers Büchse kracht,
faria, faria, faria, faria, faria.

Sollt' uns mal der Durst quälen,
faria.
Gehn wir hin zu Wasserquellen,
faria.
Trinken das Wasser wie Moselwein,

meinen, es könnte Champagner sein,
faria, faria, faria, faria, faria.

Wenn uns tut der Beutel hexen,
faria.
Lassen wir unsre Taler wechseln,
faria.
Treiben die Zigeunerkunst,
da kommen die Taler zurück zu
uns,
faria, faria, faria, faria, faria.

Wenn wir auch kein Federbett
haben, faria.
Tun wir uns ein Loch ausgraben,
faria.
Legen Moos und Reisig rein,
das soll nun unser Federbett sein.
Faria, faria, faria, faria, faria.

Steig ich den Berg hinan ...
(Anstimmen in H)

Steig´ ich den Berg hinan, das
macht mir Freude. Ein süßes Mä-
derl an der Hand, das macht mir
Spaß.
Sie hat zwei wunderwunderschöne
blaue Augen und einen rosaroten
Mund, den küss ich wund. :I

Kennst du dem Auerhahn, sein bunt
Gefieder? Kennst du dem Auer-, Au-
erhahn, sein bunt Geschweif?
Ja, so a Auerhaunerfeder trogt a
jeda gern, sogar die allerfeinsten
Herrn (so wie wir) mit zwoa-, drei
Stern´. :I

Siehst du den Auerhahn dort im Ge-
birge, siehst du den Auer-, Auerhahn, dort im Gebüsch.
I loss mi nieda - niedafoall´n und
loss mei Stutzerl knall´n,

und wia i aufi - aufischau is a o-
wag´fall´n. :I

A große Freid!
Des Erlebnis is wichtig, ned immer
nur die Trophäe!

Wann i geh auf die Pirsch
(Anstimmen in G)

Wånn i geh auf die Pirsch, zittern
Reh, zittern Hirsch, denn sie
fürcht'n mei Blei, i schiaß sêlt'n
vorbei. :I

Und wann i geh auf die Pirsch,
i schiaß a Gams oder an Hirsch,
schiaß an Fuchs oder an Has,
sein tuats allemal, allemal was. :I

Wånns bei mir amål knållt,
is schon g'wiß, dåss wås fållt,
is a Hirsch od'r a Reh, reckt's glei
die Läuflan auf'd Höh. :I

Und wann i schiaß, dann schiaß i fix
und wann i fehl, na triff i nix
und **wen** gehts denn was o, ja wann
i fehl, ja wann i fehlgschossn hau. :I

Wann i geh mit mein Hund,
is schon g`wiß, dass was kummt, is
a Fux oder a Has, i schiaß alleweil,
alleweil was. :I

Und wann i geh, dann geh i schnell,
und wann i sing, dann sing i hell,
und wann i juchaz, dann gibts an
Hall, bei mein Diandl, mein Diandl
im Tal. :I

Wånn i geh, geh i schwer,
wånn i laf, fåll i her,
wånn i sing, sing i fålsch,
wånn i schiaß, fahl i ålls. :I

Was war mein Leb`n ohne Jag`n
(Anstimmen in G)

Was war mein Leb`n ohne Jag`n?
Koan Kreizer nit gab i darum.
Gibt's aber an Hirsch wo z`dafro-
gen, wo´s Gamser´l gibt, do reißt`s
mi um!
Des Jagern, des is mei Verlangen,
habs zeitich schon morgens angan-
gen.
Mei Hund und mei gführige Bix,
i sags ja, da drüber geht nix. :I

Toans hocken beim Dirndle,
toans kartl´n, toans tanzen
und kegeln grad gnua.
Will lieaber an Hirsch`n dawarten
und pirschen drauf spat oder frua.
Dahoam ja, do mog I ned bleiben,
will draußen mi umanand treiben.
Mei Musi sand Vögerl im Wald,
de machan´s ma auf wia´s ma
gfoid.:I

Steig aufi, steig abi, steig eini.
A Gams is a Steigerei wert.
A Gams is gar flüchti und schleini,
und leicht geht der Handel ver-
kehrt!

Drum is a, a Ehr dabei z´gwina
und muasst was verstehn und was
kina! Denn wer si nit recht z´auma
nimmt, ned leicht zu an Gamsbart´l
kimt. :I

Wo der Wildbach rauscht
(Anstimmen in Fis)

Viele Jahre sind vergangen,
viele Jahre sind dahin,
und es zieht ein heiß' Verlangen,
immer mich zum Wildbach hin.

Wo der Wildbach rauscht,
dort im grünen Tal,
ach, wie glücklich war ich damals
dort einmal.
Denn er gabst mir dort
sein Verlobungswort,
und der Wildbach rauschte
weiter hin zu Tal.

Mein einziger Zeuge,
mein Wildbach bist du,
dein ewiges Rauschen
gleicht dem Herzen ohne Ruh.
Mein einziger Zeuge,
mein Wildbach bist du,
dein ewiges Rauschen
gleicht dem Herzen ohne Ruh.

Wenn die Jahre auch vergehen,
immer denke ich zurück,
denn was damals dort geschehen,
ist für heut' mein ganzes Glück.

Wo der Wildbach rauscht,
dort im grünen Wald,
ach, wie glücklich war ich damals
dort einmal.
Denn du gabst mir dort
dein Verlobungswort,
und der Wildbach rauschte
weiter hin zu Tal.

Mein einziger Zeuge,
mein Wildbach bist du,
dein ewiges Rauschen
gleicht dem Herzen ohne Ruh.
Mein einziger Zeuge,
mein Wildbach bist du,
dein ewiges Rauschen
gleicht dem Herzen ohne Ruh.

**Wie weise blickt doch die Nebel-
krähe! Denkt sie an die Worte von
Oskar von Riesenthal?**

**Wie sieht es aus mit deinem
Ehrenschild?**

Des Jägers Ehrenschild

Das ist des Jägers Ehrenschild,
dass er beschützt und hegt sein Wild,

Waidmännisch jagt, wie sich's gehört,
den Schöpfer im Geschöpfe ehrt!

Das Kriegsgeschoss der Hass regiert, -
die Lieb' zum Wild den Stutzen führt:

Drum denk' bei deinem täglich Brot,
ob auch dein Wild nicht leidet Not?

Behüt's vor Mensch und Tier zumal!
Verkürze ihm die Todesqual!

Sei außen rauh, doch innen mild, -
dann bleibet blank dein Ehrenschild!

Oskar von Riesenthal (1830 - 1898)

„So brav, mein Hund!"